L'ALGÉRIE

UN COUP D'ŒIL

SUR SON ADMINISTRATION, SON AGRICULTURE

SES CHEMINS DE FER ET SES DESTINÉES

PAR

le Baron DE JOUVENEL

ANCIEN DÉPUTÉ

Prix : 5 francs

PARIS

LIBRAIRIE CENTRALE D'AGRICULTURE ET DE JARDINAGE

RUE DES ÉCOLES, 9 (ANCIEN 82), PRÈS LE MUSÉE DE CLUNY

Auguste GOIN, éditeur

1884

L'ALGÉRIE

UN COUP D'ŒIL

SUR SON ADMINISTRATION, SON AGRICULTURE

SES CHEMINS DE FER ET SES DESTINÉES

Lk⁸ 1343

L'ALGÉRIE

UN COUP D'OEIL

SUR SON ADMINISTRATION, SON AGRICULTURE

SES CHEMINS DE FER ET SES DESTINÉES

PAR

le Baron DE JOUVENEL

ANCIEN DÉPUTÉ

Prix : 3 francs

PARIS

LIBRAIRIE CENTRALE D'AGRICULTURE ET DE JARDINAGE

RUE DES ÉCOLES, 62 (ANCIEN 82), PRÈS LE MUSÉE DE CLUNY

— **Auguste GOIN**, éditeur —

1884

L'ALGÉRIE

UN COUP D'ŒIL

SUR SON ADMINISTRATION, SON AGRICULTURE

SES CHEMINS DE FER ET SES DESTINÉES

J'arrive de l'Algérie.

Je quitte le peuple *le plus heureux* du monde, car il vit dans sa foi religieuse qui le convie à tous les courages, même à celui de la résignation, en lui assurant pour une autre existence toutes les voluptés qu'il comprend et qu'il envie.

Le peuple *le plus riche* du monde, car il n'a aucun besoin.

Le peuple *le plus belliqueux*, car malgré la pratique de la polygamie, il met le besoin de posséder un cheval et un fusil au-dessus du désir de posséder une femme.

Le peuple *le plus paresseux,* car il ne produit rien et méprise le travail.

L'Arabe ne fauche pas et ne moissonne pas son blé ; pour n'avoir pas besoin de se baisser, il abandonne la paille et ne coupe que les épis. Quand il juge qu'il a obtenu une moisson suffisante à ses besoins, il ne prend même plus la peine de couper les épis qui restent.

Il n'a d'énergie que pour la guerre, c'est incontestablement lui qui nous fournit à cette heure l'élément le plus sobre, le plus résolu, le mieux discipliné de nos armées.

C'est avec cette civilisation si différente de la nôtre que nous sommes en lutte depuis cinquante-quatre ans ; nous n'avons conquis dans ce pays personne à notre *foi religieuse,* qui du reste ne s'affirme nulle part, si ce n'est dans une région où planent une grande intelligence, un puissant caractère, une volonté résolue agissant en dehors et peut-être au-dessus de la sphère officielle, soit du gouvernement civil, soit du gouvernement militaire.

Cette autorité, quoique placée dans les conditions les plus délicates et les plus difficiles, a multiplié les fondations attestant sa puissance d'initiative, les hautes conceptions dont elle est capable ; elle laissera, quoiqu'il arrive ultérieurement, la trace éloquente de son ardent esprit de charité et de propagande.

Nous n'avons amené personne ou presque personne à notre *société politique ;* comment s'en étonner quand on sait que le musulman aime surtout la *stabilité,* je dirai même *l'immobilité,* et que nous lui avons donné depuis notre conquête le spectacle de de *cinq ou six gouvernements* successifs se niant, tour à tour, l'un l'autre ?

Nous n'avons inspiré à personne une soumission respectueuse à notre *législation pénale*.

La condamnation à mort par notre magistrature (en supposant qu'elle ne fût pas rendue nulle par la volonté du chef de l'État) ne constitue aux yeux du croyant en la doctrine de Mahomet que la certitude d'une récompense éternelle, quand elle a été prononcée par des chrétiens.

Dans les rares occasions où on a guillotiné un musulman, on aurait dû ne pas mettre la tête de la victime dans la même bière que son corps afin d'agir sur l'esprit de ce peuple qui croit à l'impossibilité du salut si Mahomet ne peut pas enlever le corps tout entier en le prenant par la tête.

Nous n'avons pas su trouver un châtiment pour les délits les plus vulgaires et souvent les plus graves.

L'emprisonnement n'est que la vie oisive

dans une maison bien close, où la nourriture est bien supérieure à celle de la tente misérable.

La sortie de prison est un triomphe dans la tribu où le prisonnier délivré revient avec les palmes du martyre ; il est entouré d'hommages et de respect ; il a désormais conquis un rôle de supériorité sociale.

Préoccupé de l'impuissance du *Code pénal de la France,* notamment en ce qui concerne les vols dont se plaignent souvent nos colons, il nous a pris fantaisie pendant l'une de nos promenades solitaires de consulter un Arabe devenu modeste fonctionnaire Français, remplissant les fonctions de cantonnier sur la route de Mustapha supérieur.

Vos compatriotes sont donc bien enclins au vol, lui ai-je dit? Cela décourage beaucoup les cultivateurs. — Au contraire, m'a-t-il répondu, ils ont si peu de besoins! Sous la domination du Dey, avant l'occupation française, les vols étaient très rares; on n'en voyait presque jamais; la raison en était bien simple : quand un vol avait été commis et qu'on avait découvert le voleur, il n'y avait qu'une question à résoudre, celle de savoir quelle était la main qui avait servi à la soustraction; dès qu'elle était connue, on la coupait. Si le voleur commettait une nouvelle déprédation, on lui coupait la seconde main; il était alors condamné à chercher sa nourriture avec sa bouche *comme les chiens;* il était l'objet de la réprobation publique.

Je voulais expliquer à mon interlocuteur que de pareils procédés étaient peu conformes à notre civilisation dont il devait comprendre les bienfaits, il me répondit nettement : *Tant que vous continuerez à agir avec les indigènes comme vous le faites, les champs resteront déserts et les prisons resteront pleines comme elles le sont en ce moment.*

Ce beau pays béni par le soleil et qui est à la veille de nous envoyer beaucoup de vin manque d'une eau qu'il serait facile de lui donner en certaine abondance, si on développait les travaux nécessaires, soit pour distribuer, soit pour recueillir les eaux qui y coulent et celles qui y tombent.

Le climat de cette magnifique contrée semble inspirer à ceux qui y viennent quelque chose de l'insouciance que l'on remarque chez les indigènes. Les causes de dissension sont nombreuses et nul ne paraît s'en préoccuper.

Les causes et les désirs de guerre sont partout, et comme personne ne veut engager le premier les hostilités, la guerre n'éclatera probablement jamais, sauf le cas d'un grave échec subi par nos armes en Europe.

L'armée désire la guerre, car selon une expression vulgaire, elle fait pousser les graines d'épinards.

L'Arabe est un vaincu qui a l'espoir d'une revanche, qui la croit certaine en sachant que la population musulmane s'élève à 3 *millions d'habitants*, tandis que les Européens ne sont que 500,000 sur lesquels les Français ne comptent que pour 200,000.

Les colons la désirent, car une victoire repousserait les indigènes un peu plus vers le désert et pourrait donner lieu à de nouvelles concessions de terres précieuses.

L'administration civile y trouverait sans doute la possibilité d'équilibrer ses budgets en frappant les vaincus de rançons selon un exemple donné par un habile et puissant administrateur dont l'Algérie gardera toujours le reconnaissant souvenir. *L'amiral comte de Gueydon* est destiné à faire vivre longtemps ses successeurs de la monnaie de ses idées.

Il gouvernait en vue d'un grand résultat à obtenir et il s'inspirait à la fois d'idées justes et élevées.

On s'étonne et on s'attriste de ne trouver nulle part en Algérie la trace d'un souvenir pour *les conquérants de 1830*. La France écrivit cependant à cette date une des plus belles pages de ses annales militaires. Elle avait fait plus que *Charles-Quint* et que *Louis XIV*. Elle avait eu le courage de dédaigner les menaces de l'Angleterre et de vaincre les pirates de la Méditerranée.

Ces grands souvenirs devraient être écrits ailleurs que dans une modeste lithographie suspendue dans le coin d'une chambre de monastère.

Nous n'en voulons pas à ceux qui dressent une statue à *Gambetta,* mais nous regrettons que, pour faire une place à ce bronze nouveau, on ait cru devoir renverser le bronze qui représentait le maréchal *Bessières* et le *roi Murat.*

Nous n'en sommes pas arrivés à ce qu'il n'y ait pas assez de place en France pour tous les grands hommes ; l'époque actuelle n'en produit qu'avec une discrétion regrettable.

Laisser debout les grandes figures du passé ne pourrait être que favorable aux

hommes nouveaux, on parviendrait peut-
être à faire croire aux populations qu'ils
ressemblent aux anciens.

Quelque fertile et privilégiée que soit
notre belle colonie africaine, elle a encore
grand besoin des faveurs de la métropole ;
il est donc rationnel qu'elle se montre toujours déférente pour le régime politique
sous lequel vit la France.

Nous n'avons pas pour but d'examiner ici
les subventions accordées à l'Algérie, d'étudier la mesure dans laquelle ce pays les
reçoit, les mérite, les justifie et les légitime. Nous n'avons pas l'autorité nécessaire
pour nous faire juge de questions délicates
et complexes. Nous avons cependant re-
cueilli des documents et·constaté des faits

qui pourraient peut-être devenir ultérieurement l'objet d'une étude spéciale. Nous la ferions avec le désir, la passion d'être juste pour tous et pour tout.

Il nous semble absolument impossible que ce beau pays ne soit pas une source de bien-être et de richesse pour ceux qui l'habitent et pour l'État qui l'a ajouté à ses vastes territoires.

Qui oserait soutenir que la perte de l'*Alsace* et de la *Lorraine* n'a pas appauvri notre richesse agricole? Qui pourrait nier que l'Algérie, bien administrée, a, en étendue et en fertilité, une aussi grande puissance de production que les départements dont nous pleurons la perte?

Tout semble présager les plus belles destinées à cette France d'au delà la Méditerranée; le sol y est fécond et riche, la végétation y est rapide et luxuriante, elle peut donner les produits les plus variés et particulièrement ceux qui sont à l'état d'insuffisance en France : céréales, vins, plantes textiles, primeurs de toutes sortes.

La production animale peut aussi y donner des résultats précieux. On y élève, on peut y vulgariser sur une vaste échelle, le cheval le plus précieux, car il est énergique et sobre, et notre cavalerie légère ne se recrute plus que très difficilement.

Bœufs, mulets, moutons, laines, minerai de fer surtout ; l'Algérie peut verser tout cela et en abondance sur la longue côte qui s'étend de *Bone à Oran*. Sans parler ici et encore du Maroc et de la Tunisie.

Pourquoi ces richesses abondantes ne sont-elles jusqu'à présent qu'une espérance ?

L'Algérie aurait-elle été soumise à un régime administratif impuissant à développer tous les éléments de fécondité qu'elle possède ?

Serait-il impossible de retrouver dans ce

régime un vaste et puissant système de mesures successives et diverses composant un ensemble destiné à constituer, à une date peut-être inconnue mais certaine, un tout harmonieux et fécond ?

Aurait-on varié souvent, sinon dans le but à atteindre, du moins dans les moyens à employer pour en obtenir la réalisation ?

Nous ne prenons pas la liberté qui serait trop grande et mal justifiée par notre incompétence de répondre à de pareilles questions.

Nous nous bornons à constater des faits, à exprimer des regrets, à reconnaître que nous n'avons pas eu assez de perspicacité pour toujours deviner quelle était la lumière qui avait servi à éclairer la route parcourue.

Ce n'est pas là capacité des hommes qui a fait défaut, celle surtout des agents d'ordre secondaire. Il serait impossible de trouver dans la métropole, au milieu des régions de l'ordre administratif, une phalange d'hommes modestes, instruits, honnêtes, travailleurs, résolus et dévoués, comme celle qui prête son concours à la direction des affaires publiques de l'Algérie.

Nous nous sommes expliqué le niveau intellectuel supérieur de ces fonctionnaires en songeant que s'ils étaient venus de préférence dans ce pays ensoleillé, c'est qu'ils étaient peut-être animés un peu de cet esprit d'aventure qui hante particulièrement les intelligences avides de l'inconnu, désireuses de s'affranchir de l'esprit de routine, de se placer en face d'horizons nouveaux et lointains, de façon à pouvoir, dans une certaine mesure, obéir à l'esprit d'initiative qui est une passion particulière aux hommes de valeur.

Il est donc exact de dire qu'en même temps que l'Algérie a été une excellente école pour notre armée, elle a formé aussi des hommes que leurs aptitudes et leur expérience ont rendus précieux pour les plus hautes sphères du monde administratif.

Ces modestes serviteurs de la chose publique auraient perdu de leurs qualités, s'ils avaient cessé d'être modestes et de vouloir rester obscurs.

Si leurs chefs leur ont beaucoup appris, le spectacle quotidien de civilisations, d'intérêts, de nationalités, d'ordres si divers et souvent si opposés, les a placés dans la nécessité d'étudier chaque jour des problèmes variés à l'infini.

Il fallait sans cesse *encourager*, *intimider*, mais toujours *concilier*.

Ils ont été souvent aidés, quelquefois contrariés, par une presse ardente, mais résolument dévouée aux intérêts algériens tels qu'elle les comprend.

Elle gagnerait peut-être en autorité en

ayant des organes moins nombreux et plus exempts de passions locales.

———

La haute direction de cette belle colonie a été souvent confiée à des hommes d'un très grand mérite. On y gardera toujours le souvenir du maréchal Bugeaud ; la statue équestre restée debout sur la place du Gouvernement y témoigne de la reconnaissance des Algériens envers une dynastie qui avait envoyé ses glorieux enfants pour les associer aux travaux et aux périls de nos soldats.

L'amiral que nous avons déjà cité, le général Chanzy, le général Saussier, si bien secondé par le *général Loysel,* l'homme de grande valeur intellectuelle et administrative qui occupe en ce moment le palais du

Gouvernement, prouvent que les hautes capacités n'ont pas manqué à un grand nombre de gouverneurs militaires ou civils de l'Algérie.

Si tout le bien nécessaire, si tous les progrès désirables n'ont pas été accomplis, cela est moins dû à la faute des hommes qu'à l'absence d'un plan précis sagement médité et énergiquement poursuivi.

Ce beau pays témoigne avec une grande éloquence de tout ce qu'on peut y produire avec de la résolution, de la méthode, un peu de logique et de bons sens, un sérieux esprit de suite.

On n'y constate pas seulement le grand œuvre accompli par un des plus hauts dignitaires de l'Église. On y admire les magnifiques résultats obtenus dans l'ordre matériel par des hommes voués au dédain des richesses humaines et au culte plus élevé des intérêts moraux des sociétés.

On peut ne pas s'étonner de tout ce qu'ont fait dans la contrée la moins favorisée au point de vue de la situation topographique, de la composition du sol, de l'absence de tout cours d'eau, des hommes animés d'une foi religieuse qui donne tous les courages, car elle fait du *travail* un *devoir* et de la *privation* une *volupté sainte*.

On peut s'expliquer la culture et la riche culture d'un domaine de 4,000 *hectares* exploité par une corporation religieuse qui nourrit et loge *gratis* tous les passants et tous les pauvres de la contrée, en se disant qu'elle est ancienne, respectée, qu'elle se recrute facilement en trouvant des travailleurs honnêtes et laborieux, et que ses relations étendues lui permettent d'écouler facilement ses produits dans de bonnes conditions.

Mais ce qui était plus difficile, c'était la mise en produit et en prospérité d'un domaine de 1,300 *hectares,* par les soins, la persévérance, le labeur ardent et dévoué d'un prêtre pauvre, sans argent et sans prestige, ne se rattachant à aucune force religieuse organisée. Ce pauvre hère s'étant proclamé moine cultivateur, a dû agir dans son isolement et dans sa faiblesse, ne pouvant rien emprunter à la puissance d'une tradition absente.

Il devait avoir pour auxiliaire une corporation, mais c'était lui qui s'en faisait le fondateur, qui ajoutait ainsi aux rudes obstacles d'une tâche matérielle, les difficultés inhérentes à la création d'une règle dont on se fait l'arbitre et à laquelle on doit soumettre des pairs. Il n'avait pas pour agir sur les consciences et sur les volontés, le prestige de l'ascendant moral dont jouit le représentant d'une autorité dès longtemps exercée par soi ou par ses devanciers.

Le religieux dont nous parlons a fondé

un ordre, il a bâti un village, des églises,
il a construit des maisons de refuge pour
les orphelins et pour les vieillards, il a bâti
des ateliers de charronnage, de menuiserie,
de maréchalerie, etc., etc., etc.; il a construit des ponts et des aqueducs, il a ouvert
et macadamisé des routes, il a creusé des
canaux, il a capté des eaux, il a fait les
travaux nécessaires pour en opérer l'utile
distribution, il a planté des oliviers, des
vignes, il a créé de vastes pépinières, il a
mis partout autour de lui, l'aspect de tout
ce qui constitue la satisfaction à donner
aux besoins de l'âme et aux besoins du
corps.

Là où était un désert, il a fait surgir
toutes les manifestations de la vie active,
morale et laborieuse.

S'il a prodigué les éléments de tout ce qui
constitue le bien-être matériel de ceux qui
travaillent, il n'a pas oublié ceux qui ne

travaillent plus et ceux qui ne travaillent pas encore.

Il a réellement fait œuvre de gouvernement !...

En voyant un homme avoir accompli cette tâche tout seul, nous nous disions par un travail intérieur de notre esprit, s'il n'y avait pas plus loin de ce pauvre moine à la fécondation de 1,300 *hectares* que du puissant État qui s'appelle la France à la fécondation des 17 millions d'hectares que la métropole a le devoir de rendre productifs pour les colons et pour le budget de notre pays.

J'ai demandé au vieillard que je complimentais sur ses travaux, ce qu'il pensait de la règle de proportion qui occupait ma pensée, il m'a répondu par un fin sourire rempli d'une éloquence plus malicieuse que modeste.

A côté de ces merveilles nées de l'esprit de dévouement et démontrant le degré de puissance auquel peut arriver la faiblesse humaine quand elle s'inspire de la foi religieuse, nous avons pu admirer aussi des créations nées de l'esprit de conquête dans l'ordre matériel, du désir ardent, éclairé, judicieux, persévérant de certains colons ayant demandé à la fertilité naturelle du sol de leur donner la fortune dont ils avaient l'ambition légitime.

Il serait trop long de citer ici la liste, trop courte néanmoins, de ceux qui ont vu leur courage et leur travail couronnés par le succès.

Nous avons constaté qu'il en est parmi eux qui ont commencé sans un centime de patrimoine, sans point d'appui, non seulement sans les enseignements de la science, mais presque sans instruction élémentaire et qui sont aujourd'hui l'orgueil de l'agriculture algérienne. Ils ont des organisations aussi judicieuses, aussi intelligentes, aussi parfaites que celles des fermiers qui sont considérés en France comme les types les plus perfectionnés.

Parmi ces hommes, il en est un que la nature a doué de toutes les hardiesses, de tous les courages, de toutes les intelligences. de toutes les activités qui produisent sans cesse et ne consomment jamais.

Si à côté de belles fortunes faites par l'agriculture, nous avons pu constater que certains colons venus sur cette terre avec des capitaux considérables n'y ont pas toujours trouvé la rémunération espérée, il faut les remercier de la confiance dont ils ont fait preuve, des services qu'ils ont rendus par les exemples qu'ils ont donnés et jusque par les fautes qu'ils ont commises et qu'ils ont évitées aux nouveaux venus.

Ils ont à plus d'un titre bien mérité de la patrie qui doit leur en tenir compte.

Au lieu de s'endormir dans les douceurs de la vie oisive, ils ont fait preuve d'un esprit d'initiative qui se manifeste rarement dans les rangs de ceux qui n'ont pas conquis eux-mêmes la richesse, mais qui se sont contentés d'en recueillir l'héritage.

Est-il besoin de dire ici que presque toutes les grandes entreprises financières, industrielles ou commerciales sont aux mains d'hommes que les durs combats de la vie ont dotés d'une force et d'une puissance presque toujours refusée aux enfants de la richesse.

Après avoir constaté les résultats agricoles et commerciaux obtenus par une corporation religieuse ; après avoir signalé les conquêtes dues à l'esprit d'initiative individuelle s'inspirant de l'esprit de foi chrétienne ; après avoir placé à côté de ces éloquents exemples, l'éloquence non moins grande de ce qu'ont pu produire des hommes hardis, intelligents, travailleurs infatigables ; nous avons voulu nous rendre compte de ce que pouvait faire dans ce pays le principe de l'association s'inspirant uniquement du besoin de donner satisfaction aux intérêts de l'ordre matériel.

Nous avons visité un domaine rural de 25,000 *hectares* placé sous ce régime, et se rattachant à un domaine cinq ou six fois plus vaste encore, sur lequel on se livre à l'exploitation d'une plante poussant à l'état sauvage et servant de matière première pour une fabrication dont les produits n'ont jamais eu plus de consommateurs qu'à notre époque (papier).

Nous n'aborderons pas l'étude, même rapide, des résultats d'une industrie agricole qui, en produisant trop, a peut-être donné des exemples malheureusement suivis et à contribué de la sorte à avilir elle-même la valeur de sa production.

Nous ne voulons dire un mot que du domaine de 25,000 *hectares*, dont il convient même de distraire une moitié qui ne sert guère encore qu'à une agriculture pastorale, incomplète.

La belle et riche étendue de terres, au milieu de laquelle va bientôt circuler un cours d'eau puissant et bienfaisant, constitue peut-être l'exploitation agricole la plus considérable qui soit au monde.

Un effort individuel eût été impuissant pour entreprendre une pareille tâche, il fallait une association ; elle fut formée, elle remonte à environ une dizaine d'années.

Je ne sais pas si les premières tentatives ont été habiles, je crois qu'elles n'ont pas été heureuses.

J'ose au contraire prédire le succès aux travaux agricoles de l'heure actuelle. Ils sont conduits avec une hardiesse intelligente et résolue, cherchant sans cesse les meilleurs moyens à employer, les chemins les plus courts à suivre pour réaliser un plan conçu avec maturité et atteindre un but sans cesse visé.

Nous avons été ébloui, tout en regrettant qu'il fût établi sur des terres trop chargées de sel, par la vue d'un domaine viticole de 1,100 *hectares*. Le service des vendanges vers les chaix, comme celui des chaix et des cuves vers la voie ferrée principale qui traverse toute l'étendue du vaste domaine, se fera par un petit chemin de fer déjà construit.

A côté de cet emprunt fait aux dernières

conquêtes de la civilisation la plus avancée, nous avons constaté de nombreux emprunts faits aux premiers rudiments des sociétés vivant à l'état le plus primitif.

Il est impossible de voir vivre ailleurs les chevaux, les bœufs, les moutons et même les hommes, leurs femmes et leurs enfants dans des conditions d'installation aussi sommaires.

On admire partout l'esprit de méthode, d'ordre et d'économie.

Pour diriger une œuvre aussi étendue, aussi difficile, aussi complexe, pour commander souvent à 1,200 *travailleurs* qui constituent à la même heure *plus de cent chantiers différents*, sans parler des soins à donner à une production animale très importante, il faut une vigilance de tous les instants.

Nous avons remarqué des types de race chevaline nombreux et démontrant que cette terre peut être mise en mesure de fournir, particulièrement à notre cavalerie légère, un recrutement pour lequel nos officiers de remonte sont souvent envoyés dans des contrées lointaines et étrangères.

Pour présider à la vaste tâche que nous venons d'indiquer, pour diriger l'exploitation immense des hauts plateaux et en même temps la voie ferrée qui a mission d'emporter tous les produits obtenus; pour centraliser au port d'embarquement l'ensemble de tous ces services, il fallait trois hommes d'un mérite exceptionnel et supérieur; on les a trouvés.

En quittant cette contrée, notre esprit était en proie à deux préoccupations d'ordre bien différent : nous nous disions, il est bien regrettable, à nos yeux du moins, que les hommes dont l'intelligence et le travail vont féconder demain cette terre improductive hier, n'aient pas cru devoir fonder même un asile modeste consacré à la prière.

Croiraient-ils que l'humanité n'a que des besoins d'estomac, qu'elle n'a jamais d'heures d'épreuves morales, de souffrances de l'âme dont on ne se console un peu qu'en tournant son regard du côté de Dieu ?

Descendant de cette région élevée, nous nous disions encore : il est bien fâcheux qu'on ait convié à traverser la Méditerranée, les habitudes parisiennes qui consistent, au moment de la fondation d'une entreprise, à majorer le capital réel de façon à composer un total dont la rémunération est souvent ainsi rendue impossible.

En procédant de cette façon et en constituant des états-majors inutiles et richement dotés, on condamne les fondations les plus judicieuses à sembler infécondes alors qu'elles pourraient apparaître comme prospères si elles n'avaient qu'à donner satis-

faction au capital réellement versé et utilé-
ment employé.

Si nous signalons ces faits, c'est qu'il ne
faudrait pas laisser rendre l'agriculture
algérienne responsable d'insuccès qui ne
peuvent être dus qu'à certaines combi-
naisons financières.

Nos possessions d'au delà de la Méditerranée pourraient aisément offrir aux avides
de la fortune le moyen de réaliser leur ambition, surtout si les premières années de
leur vie s'étaient écoulées en face du travail
des champs, si leur éducation leur avait
donné la notion des choses agricoles.

Nous n'hésitons pas à proclamer que l'*Algérie* et la *Tunisie* sont les pays du monde
dans lesquels la solution du problème de la
vie matérielle est le plus facile.

Le sol est presque partout profond et fertile; le soleil y est radieux; si l'eau ne peut pas être abondante partout, elle peut féconder les vallées, elle est inutile sur les coteaux plantés ou à planter en vignes, elle n'est pas indispensable sur les plateaux les plus élevés qui peuvent être utilement consacrés à des forêts ou à l'agriculture pastorale, celle qui convient le mieux aux mœurs ou à la paresse des indigènes.

Quand les travaux nécessaires pour l'utilisation des eaux auront été accomplis et que l'ardeur avec laquelle on plante de la vigne indistinctement un peu partout se sera un peu calmée, par la pensée que la maladie cruelle qui sévit en France n'a pas pris l'engagement de ne pas traverser la Méditerranée, on verra certainement la culture des plantes textiles se vulgariser dans les vallées.

La ramie, qui sous l'influence de ce beau

climat peut donner lieu à trois ou quatre récoltes par an, jouera, à coup sûr, un rôle important dans la production agricole algérienne, car le problème de sa décortication par des voies simples et économiques est désormais résolu.

La médaille d'or récemment accordée à ce produit à l'*Exposition de Blidah* donne une affirmation officielle à notre assertion.

En présence des désastres qu'a causés le phylloxera dans presque toute la France viticole, il y a lieu de s'étonner de la très grande timidité du mouvement d'émigration qui se manifeste vers le sol algérien, éminemment propre à la production du vin, de la part de gens accoutumés au soleil, vivant sous ses rayons et habiles dans l'art de cultiver la vigne.

Comment n'ont-ils pas compris que même avec le prix bien réduit pour eux du terrain *d'un hectare* phylloxéré, il leur serait facile, en traversant la Méditerranée, de retrouver plus de *deux hectares* et d'avoir le capital nécessaire pour y planter de la vigne dans des conditions de production prochaine et féconde ?

L'autorité a-t-elle bien fait tout ce qu'elle pouvait, tout ce qu'elle devait pour convier les déshérités dont nous parlons à aller retrouver, sur une terre française aussi, les conditions de travail et de richesses qui leur avaient été enlevées ?

Il importait de venir au secours de ces malheureux par des conseils utiles, il importait à l'État de voir combler les déficits imposés à la production viticole de la France, non seulement pour maintenir l'importance de notre commerce en vins dans le monde, mais aussi pour échapper à l'introduction sur notre marché des produits similaires de l'Espagne et de l'Italie.

Nous devons reconnaître que si le courant d'émigration vers l'Algérie avait été d'une grande puissance, on se serait sans doute trouvé en face d'une difficulté assez grave pour être en mesure de fournir par voie de concession des terres d'une étendue suffisante.

Le domaine actuel de l'État n'a qu'une superficie restreinte ; mais il est incontestablement moins avantageux de devenir propriétaire par voie de concession que par voie d'acquisition aux Arabes.

Ces acquisitions pourraient s'effectuer dans d'excellentes conditions de prix, attendu que le détenteur actuel ne retirant presque rien de son domaine n'est nullement autorisé à lui donner une grande valeur (nous avons vu d'excellentes terres achetées au prix de *dix francs l'hectare*).

Mais pour pouvoir acheter avec sécurité aux Arabes, on se trouve en face de difficultés nombreuses et qui frappent presque d'inaliénabilité la plus grande partie de ces terres, soit parce qu'elles sont la propriété d'une collectivité, tribu ou douars, soit parce que le détenteur n'ayant pas d'état civil manque, par conséquent, de la qualité essentielle pour affirmer son droit et avoir la faculté de le transmettre.

Ce triste état de choses est particulièrement dû à un sénatus-consulte inspiré par le désir qu'avait l'empire de se rendre populaire chez les indigènes. Ce *sénatus-consulte* a créé pour les Arabes le droit de propriété dont ils n'avaient joui à aucune époque, car ce droit n'existe pas dans les pays soumis au régime musulman.

Cette faute dangereuse, inutile, infruc-

tueuse même au point de vue de la popula-
rité à obtenir au profit de l'occupation française ayant été commise, il fallait du moins,
en créant le droit de propriété, lui donner
des assises régulières ; il fallait, en faisant
un recensement des indigènes, leur donner
des noms, un état civil, les doter d'une législation déterminant le mode de transmission
de la propriété par voie de cession ou par
succession.

Si on ne voulait pas créer une législation, il fallait accepter celle des Arabes.

Rien de tout cela n'est encore fait. Il doit
nous être permis d'exprimer un regret à
cet égard. Ce ne sont pas les agents qui ont
fait défaut, nous avons dit ailleurs ce que
nous pensions de la capacité de ces auxi-
liaires, nous pouvons ajouter que leur nombre est plus que suffisant.

L'administration de l'Algérie pourrait
aisément s'affranchir d'une grande partie

des travaux bureaucratiques qu'on y mul-
tiplie, car la plus petite affaire qui part du
bureau du sous-commissaire, va chez le com-
missaire, de là chez le sous-préfet qui la
transmet au préfet, qui l'envoie au gouverneur général, lequel l'expédie à Paris au ministre au département duquel elle se rattache
et quand ce dernier a *lentement* prononcé,
le dossier revient à son point de départ en
passant pour le retour par toutes les étapes
qu'il a parcourues à son premier voyage.

Si la décentralisation, particulièrement
pour un très grand nombre de petites
affaires, est désirable partout, c'est surtout
dans une contrée éloignée de la métropole
et où il importe de donner rapidement à des
populations d'origines diverses, le spectacle
d'une autorité nette, juste et prompte.

Le régime actuel de la propriété indigène
a les conséquences les plus funestes; son
détenteur ne peut pas la vendre régulière-

ment, il est ainsi empêché de réaliser le capital qu'il aurait intérêt et qu'on aurait intérêt à lui voir posséder pour favoriser son éloignement vers le sud où il pourrait se livrer utilement pour lui et pour nous à la garde des troupeaux.

C'est à son grand détriment que le colon ne peut pas acheter, car même alors qu'il payerait un prix relativement un peu élevé, il a toujours plus d'avantage à devenir propriétaire de terres ouvertes et déjà un peu en culture que de recevoir gratis, en concessions de l'État, des terrains couverts de broussailles, palmiers nains, etc., etc.

L'état de choses que nous signalons en le déplorant a encore d'autres conséquences qui arment les hommes d'affaires d'un moyen de lucre pour eux et de ruine soit pour l'Arabe, soit pour le colon.

En vertu de la loi qui n'oblige personne à rester dans l'indivision, un colon achète pour une somme toujours minime le droit de l'un des copropriétaires; ce premier acte accompli, il le fait signifier à tous les copropriétaires qui sont toujours nombreux et souvent dispersés dans des lieux très éloignés.

Il faut des actes de procédure, des significations judiciaires indispensables pour arriver par l'expiration des délais à une vente ultérieure régulière. Cette vente a lieu devant le tribunal et la plus grande partie du prix obtenu sert à payer les huissiers et les avoués qui sont intervenus, sans parler des hommes d'affaires marrons qui ont aussi à prendre leur part.

Les formalités que nous venons d'indiquer font toujours gagner à l'avoué et à l'huissier au moins 3,000 francs, et le prix de la propriété le plus souvent ne dépasse guère cette somme.

Il faut ajouter que, par un motif dont il

ne nous a pas été possible de nous rendre compte, le gouvernement semblerait croire qu'il a intérêt à perpétuer l'état actuel d'infécondité de la terre dans la possession des Arabes.

On dirait qu'il redoute de voir des prairies dans les vallées, des vignes sur les côteaux et des forêts sur les montagnes.

Toutes les richesses agricoles que nous énumérons ne produiraient rien pour lui, tandis qu'il fait payer un tribut par la misère de l'Arabe; il renonce, en effet, à tout impôt foncier si la propriété a changé de propriétaire.

L'impôt de la terre ne reposant pas sur elle, mais sur l'individu qui la possède, constitue une nouveauté économique pour laquelle ses créateurs ont eu sans doute de bonnes raisons, mais elles nous échappent.

Le cercle des terres cultivables et pouvant tenter des colons nouveaux se serait considérablement étendu, à notre avis, par l'adoption d'un projet de loi repoussé et qui tendait à la création de nouveaux centres de population.

Si on regrette de voir de vastes étendues très fertilisables sans une seule habitation, même de l'ordre le plus modeste, on se dit qu'il pourrait en être autrement, si au lieu d'avoir été constamment concentrée dans les cités principales, l'armée avait fréquemment changé ses installations un peu sommaires, en portant successivement le mouvement, la vie et la sécurité sur divers points des trois départements.

A l'exception de certaines régions de la province de Constantine où les hivers sont quelquefois assez rigoureux, partout ailleurs, le climat eût permis aux soldats, qui se recrutent surtout parmi les indigènes, de vivre dans de bonnes conditions l'hiver et de moins souffrir pendant les mois d'été des chaleurs tropicales d'*Oran*, d'*Alger*, d'*Orléansville* et d'ailleurs.

Autour de ces installations diverses des régiments, il se serait formé de petits villages, nés des besoins de l'armée elle-même.

Après le départ du soldat, le cafetier, le cabaretier, l'ouvrier venus là pour vivre du besoin ou des fantaisies de l'officier et du soldat se seraient transformés en colons vivant du travail de la terre. On rencontrerait des espèces d'oasis aidant à triompher des timidités du nouvel arrivant. Au lieu d'avoir à y créer tout, il y trouverait à cette heure des chemins, des fontaines, des clôtures, quelques baraquements, tout ce qui naît forcément des besoins éprouvés par de grandes agglomérations d'hommes.

Les utiles travaux accomplis par nos troupes sur le territoire militaire attestent

qu'on y aurait installé une culture marai-
chère, des jardins ; on y aurait défriché
des terres, planté des orangers, des arbres
à fruit, etc., etc.

Après avoir pensé à eux, les soldats
auraient pensé à leurs chevaux ; on y aurait
aussi créé, sinon des prairies, au moins des
pâturages ; en un mot, on y aurait laissé
une trace de vie ancienne conviant de nouveau au travail.

Avec une bien légère rémunération pécu-
niaire attribuée aux soldats, on eût facilement changé leur oisiveté en labeur fécond.
La race si exécrée qui monopolise tout le
commerce de l'Afrique fût venue elle-même
y créer des courants commerciaux.

Si ce système avait été employé depuis
les cinquante-quatre années de notre occupation, on est porté à penser qu'il existe-
rait aujourd'hui sur ce beau territoire plus
de villages qu'on ne serait parvenu à en

fonder avec les 50 millions que la Chambre des députés a refusés.

Il est bien entendu que les divers stationnements de l'armée auraient dû être combinés en vue d'un système d'ensemble devant relier ces divers points entre eux, de façon à préparer des marchés d'écoulement et d'approvisionnements, afin de donner satisfaction à la fois à toutes les nécessités d'ordre agricole, commercial, militaire, judiciaire, administratif et politique.

L'existence des officiers eût peut-être un peu perdu du confort qui lui est permis aujourd'hui par le séjour des cités algériennes, mais nous savons tous de quel esprit d'abnégation sont animés, à tous les degrés de la hiérarchie militaire, ceux qui commandent dans les rangs de notre armée ; nous savons aussi à quelles dures épreuves sont assujettis aujourd'hui nos officiers par

la mission qui leur est imposée dans certaines régions successivement; mission que
l'application des idées que nous indiquons
eût rendue inutile.

En exprimant des regrets à l'égard de
mesures qui n'ont pas été prises et dont
nous pensons que l'adoption eût déterminé
des résultats utiles, notre esprit se plaçait
quelquefois en face des horizons qu'eurent
à mesurer à une autre époque les fondateurs
de la grande Compagnie des Indes.

Il fallait faire vite, faire bien, faire grand,
mais aussi faire le plus économiquement
possible.

Quand on a fait avec méthode, ordre et
économie, on arrive à pouvoir faire beaucoup.

On commence par ce qui est essentiel et indispensable, on passe par ce qui est nécessaire et utile, on arrive à l'œuvre de ce qui atteste la satisfaction à donner aux besoins d'une civilisation avancée ; on finit par bâtir les palais qui restent les témoins de la puissance et de la grandeur de la nation bienfaisante.

En obéissant à cette hiérarchie d'idées, on n'eût peut-être pas autant dépensé dès la première heure pour un port auquel il ne devait manquer que des navires.

On eût évité de construire de splendides édifices comme le Palais de Justice, par exemple, qui n'était sans doute pas très urgent, puisqu'il reste inoccupé ; on ne se serait pas montré partout animé, au nom de l'État, d'un esprit qui en passant dans les *mœurs municipales,* a inspiré et approuvé l'édification d'un hôtel de ville monumental, tel qu'il s'en élève en ce moment dans le chef-lieu d'une des trois provinces. Ce palais a un développement et une importance qui pourraient sans doute suffire même à la cité la plus considérable (Lyon, Bordeaux, Marseille).

———

On n'eût pas surtout engagé les ressources du budget de l'État dans le système adopté pour la création des *chemins de fer*.

Si l'Algérie a une superficie totale de 50 *millions d'hectares*, on ne doit considérer qu'un tiers, soit 17 *millions d'hectares*, comme propres à la colonisation, c'est-à-dire tout ce qui est compris entre le littoral et le petit Atlas et constitue le versant méditerranéen (le Tell).

On n'a pas à se préoccuper, au point de vue des voies ferrées, de 33 *millions d'hec-*

tares se composant de toute l'étendue entre *le grand et le petit Atlas,* et qui n'est guère propre qu'à la végétation de l'alfa, de même que de la *région saharienne* qui s'étend vers le centre de l'Afrique.

On commettrait de graves erreurs si, pour créer le réseau de chemins de fer algériens, on se plaçait au point de vue de la même question à résoudre en France.

Il ne faut pas oublier qu'en Algérie on n'est entouré que de régions barbaresques ; qu'on n'aura jamais à profiter d'un trafic international ; que, les trois provinces ayant à peu près les mêmes produits, il n'y aura pas entre elles de mouvements d'échanges ; qu'il s'agit partout de résoudre uniquement deux questions : 1° celle de transporter *le plus économiquement possible* les produits de la terre *vers le port le plus prochain ;* 2° celle d'être en mesure d'aider, en cas de nécessité, au rapide mouvement de *mobilité*

de l'armée et aussi à son prompt *ravitail-
lement*.

Pour atteindre ce double but, il eût été essentiel que les premiers chemins créés eussent été *perpendiculaires* à la mer, au lieu de lui être *parallèles*.

Comme il est important de multiplier ce mode de transport en se préoccupant de le rendre économique plutôt que rapide, il fallait permettre aux produits de cette belle colonie de venir, dans les meilleures conditions possibles, sur notre marché, en rivalité avec la production américaine pour les céréales, avec la production espagnole et italienne pour les vins.

Il eût été rationnel de ne pas créer dispendieusement des chemins à voie large quand il est démontré par le Brésil, par la Suède, par certaines contrées de l'Angleterre, de l'Amérique et de beaucoup d'autres points que les chemins à voie étroite peuvent suffire à des trafics très considérables, dépassant même un rendement de 40,000 fr. par kilomètre.

Si on considère la satisfaction qu'il faudra successivement donner à toutes les régions et à tous les intérêts algériens, on est conduit à en conclure qu'il faudra y construire 6,000 kilomètres de voies ferrées. Avec le système adopté, ce réseau nécessitera une dépense d'environ un *milliard* 200 *millions*, tandis qu'en se contentant d'une voie étroite parfaitement suffisante aux besoins à desservir, on aurait réalisé une économie de 400 *millions*, il en ressort que la dépense déjà faite a imposé à l'État un accroissement de frais de 65,000 *francs* par kilomètre construit, en dehors du capital déjà insuffisamment rémunéré par le trafic et imposant au budget de la France l'obligation de servir aux compagnies concessionnaires une annuité importante.

Si l'ensemble du réseau désirable et nécessaire donnait un rendement kilométrique de 15,000 francs (on ne dépasse guère aujourd'hui 10,000 francs et on a exécuté les voies jugées les plus productives) la charge annuelle de l'État ne serait pas inférieure *à* 34 *millions*.

Nous croyons utile de signaler cette grave question à la sérieuse attention de nos gouvernants.

Avec la voie étroite un rendement kilométrique de 14,500 francs suffit pour affranchir l'État de toute redevance, permettre de réaliser un abaissement de tarifs et de créer des trains de voyageurs rapides (40 kilom. à l'heure), tandis qu'avec la voie à *un mètre* 45, au lieu d'*un mètre* 10, il faut un rendement kilométrique moyen de 20,000 francs.

L'importance des économies à réaliser eût été bien plus considérable si nous avions conseillé la voie de 0,75 *de largeur*, celle

qui est généralement adoptée pour les voies
d'intérêt agricole; mais à cause de la question militaire, nous croyons sage de nous
borner à réclamer la voie de 1ᵐ,10.

Après avoir indiqué quelques-unes des
fautes qui nous paraissent avoir été commises dans l'ordre des choses administra-
tives et économiques, fautes dans lesquelles
il nous semble judicieux de ne pas persévé-
rer, il doit nous être permis de faire le
le même vœu pour des choses de l'ordre
moral, religieux et politique.

Nous n'avons pas la pensée de demander
de christianiser l'Algérie, à un régime
gouvernemental qui désire déchristianiser
la France; nous sommes d'ailleurs ami de
la liberté de conscience à un tel point que

nous ne ferons jamais de vœux pour que la politique se solidarise avec la religion. Nous croyons que l'une et l'autre ne peuvent que perdre beaucoup dans une union trop étroite; l'une représente des intérêts permanents et éternels, l'autre ne correspond le plus souvent qu'à des intérêts éphémères et de circonstance.

Si nous ne désirons pas une religion d'État, nous ne désirons pas d'avantage un État athée, nous sommes profondément convaincu que l'humanité a des besoins moraux d'ordre supérieur qui ne permettent pas d'admettre qu'on puisse faire vivre une société civilisée en dehors d'une foi religieuse quelconque. Ce besoin d'une foi religieuse à faire respecter en soi et à respecter chez les autres, anima sans doute les premiers organisateurs de la conquête algérienne accomplie par nos armées, alors qu'ils donnèrent à la fois le spectacle de

vainqueurs construisant des églises catholiques, des temples protestants, des mos-
quées et même des synagogues.

A cette époque notre armée assistant aux
cérémonies religieuses affirmait la foi de la
majorité des Français sans porter aucune
atteinte à des cultes différents.

Le spectacle de notre tolérance, qu'elle fût
née de notre indifférence ou de notre esprit
de charité, pouvait à la longue exercer une
utile influence sur des peuples que nous
avions eu le pouvoir de vaincre et que nous
avions peut-être le devoir d'initier à la civilisation européenne.

Avons-nous bien accompli cette tâche ?

N'avons-nous pas trop souvent prouvé
notre peu de respect pour les enseignements
du christianisme ? N'avons-nous pas trop
souvent donné raison aux Musulmans nous
accusant de vivre sans doctrine religieuse ?
N'avons-nous pas armé ainsi contre nous

non seulement les disciples de Mahomet, mais encore des Européens tels que des Italiens et surtout des Espagnols qui, de même race latine que nous, de même foi catholique que nous, auraient pu en voyant en nous des chrétiens, compléter leur assimilation avec nos colons, en se faisant citoyens français?

Il n'est pas rare, surtout en Algérie, d'entendre des hommes se croyant des penseurs profonds, affirmer que si la religion était à une autre époque le lien puissant des sociétés anciennes, ce lien a complètement disparu, qu'il ne relie plus personne nulle part.

Ils tiennent ce langage en face d'un peuple vaincu par les armées sur les champs de bataille, qui a pu abandonner ses troupeaux, ses champs et ses gourbis, mais qui est resté fidèle à sa foi, et défend même à son vainqueur de franchir le seuil de ses temples s'il n'a pas déposé ses chaussures à la porte de la mosquée.

Ils tiennent ce langage en face d'Israélites qui, depuis des siècles n'ont pas de territoire, pas de patrie, pas de société civile et politique, errants dispersés sur tous les points du monde, maudits presque partout, et n'exerçant que rarement le droit de citoyens.

De quoi vit donc cette société qui n'a de chef politique nulle part, si ce n'est du lien religieux qui est le plus puissant de tous?

Nous n'hésitons pas à reconnaître que l'Islamisme creuse entre ses enfants et nous un fossé si profond qu'il est bien difficile, sinon impossible de le combler.

Il ne faut cependant pas méconnaître les résultats obtenus par l'église d'Orient, ceux qui ne semblent pas absolument irréalisables surtout en Kabylie.

La race kabyle descendant des Berbères ne vit pas comme l'Arabe sous le régime de la féodalité dont les chefs sont des hommes d'épée ou des dignitaires de la foi religieuse, elle vit sous un régime électif et démocratique.

Elle travaille, elle possède, elle bâtit des maisons, elle défriche, elle constitue des familles étroitement unies, elle est animée du besoin, de l'amour du travail, du désir d'élargir son domaine.

Au lieu de n'avoir d'autre loi que le *Coran*, elle a une législation civile absolument distincte de la législation religieuse; cette législation traditionnelle s'inspire particulièrement des enseignements du droit romain.

Chez le Kabyle, la propriété n'est pas collective, elle est individuelle.

La transmission par voie de succession y est d'autant plus facile, qu'en général le

Kabyle est presque toujours monogame. Il vit surtout dans les montagnes qu'il parvient néanmoins à rendre productives, son amour du labeur semble naître et grandir en proportion des difficultés dont il doit triompher.

On dirait qu'il est convié au travail par les obstacles qu'il a à vaincre, tandis que l'Arabe de la plaine est convié à la paresse par la fécondité du sol sur lequel il s'endort avec indolence.

Si le *Kabyle* est croyant, il n'est pas fanatique, il a accepté avec reconnaissance les nombreuses écoles fondées au sein de ses populations par des corporations religieuses catholiques, notamment par ce qu'on appelle vulgairement les *pères blancs*, religieux de création récente, nés de l'initiative habile et puissante dont nous avons déjà parlé.

Ces jeunes hommes dévoués, instruits, animés des plus saints courages, parlent tous la langue arabe, ils portent un costume dont la forme et la couleur leur permet de vivre au milieu des disciples de Mahomet sans attirer la critique ou même l'attention des populations indigènes. Ils connaissent les mœurs, les habitudes, le langage des peuples qu'ils voudraient avoir le droit d'évangéliser. La faculté leur en est interdite, ils se bornent à enseigner les premiers rudiments de toutes les conquêtes du savoir humain, ils ne peuvent révéler les bienfaits de la foi chrétienne qu'en donnant l'exemple d'une vie laborieuse, dévouée, chaste et secourable pour toutes les infortunes.

Il paraît qu'on n'est pas avide en France, à cette heure, d'imiter l'Angleterre facilitant toujours et partout l'œuvre de propagation des missionnaires apostoliques protestants.

Ce que ces jeunes et pieux *pères blancs* ne peuvent pas faire sur une terre française ou placée sous notre protectorat, ils ont la faculté de le tenter au péril de leur vie dans l'Afrique intérieure ; ils s'y sont courageusement installés, ils y ont fondé un grand nombre de stations religieuses déjà puissantes.

Ce n'est pas sans un certain étonnement que dans une de nos conversations avec l'un des plus jeunes et des plus distingués de ces religieux, nous avons appris qu'il était Vosgien et proche parent de l'homme dès longtemps connu de nous, qui préside aujourd'hui le conseil des ministres de notre pays.

Nous avons osé lui dire que si les deux cousins s'étaient donné une tâche bien différente, nous trouvions celle du modeste moine bien plus digne d'envie que celle du premier ministre.

Ce rapide coup d'œil jeté sur les affaires algériennes n'a qu'une prétention, mais elle est d'une légitimité incontestable.

Nous avons vu et examiné sans parti pris, sans passion, sans avoir l'orgueilleuse prétention de donner des conseils.

Les regrets que nous avons exprimés sont aussi sincères que les vœux que nous avons formulés.

Nous ne nous sommes pas fait d'illusions sur la modesté influence que pourraient avoir nos idées, qui ne sont que celles d'un homme de bien, de bon sens, d'un sincère ami du progrès et de la liberté, mais d'une liberté plus largement conçue que celle pratiquée dans un pays où la voix de la passion étouffe toujours toutes les autres voix.

Ce ciel algérien ne permet pas, paraît-il, à l'esprit de s'affranchir des entraînements d'une imagination passionnée.

J'y ai entendu dire qu'il fallait jeter à la

mer la race israélite, ou du moins la *dégraisser* tous les dix ans, selon un ancien usage attribué aux Turcs pendant leur domination.

Qu'il fallait exterminer la race arabe ou la repousser vers les déserts du Sahara.

J'y ai entendu des colons se plaindre amèrement de l'esprit de parcimonie de l'État et professer des doctrines de *séparatistes*.

J'y ai entendu des fonctionnaires élevés de la métropole déplorant l'énormité des subsides absorbés sans utilité par cette colonie.

J'y ai vu des généraux s'apitoyant sur la misère des Arabes et admirant l'exactitude avec laquelle ils payaient leurs impôts, à côté de colons ne payant rien.

J'y ai entendu dire que les indigènes avaient de grandes richesses enfouies, représentant les valeurs monétaires constituant

la différence qui est constatée entre l'importance des sommes importées par la France
et le montant de ce qui lui est revenu par
la voie des échanges.

J'y ai entendu dire que l'Arabe était souvent réduit à une telle misère, que, pour ne
pas mourir de faim, il se faisait *herbivore;*
d'autres répondaient que la valeur des bijoux
ornant le col ou le corsage des femmes
arabes représentait des millions.

Ce qui est certain, c'est que presque tous
les fonctionnaires de tout ordre s'accordent
à dire que les colons français créent à eux
seuls beaucoup plus de difficultés que les
Espagnols, les Italiens, les Maltais, les
Marocains et les Arabes réunis.

Ce que j'ai vainement cherché dans ce
pays, ce n'est pas un homme d'esprit, ils y
abondent; c'est un esprit calme, pondéré,
raisonnable, véritablement équitable et libé-
ral. Si on y est quelquefois d'accord sur les

choses, on n'a jamais un accord complet sur les personnes.

Mgr le *duc d'Aumale* avait le malheur d'être *prince*.

Bugeaud était soldat et même *maréchal de France*.

L'amiral de *Gueydon* se permettait de *croire en Dieu*.

Ce qui est bien net dans notre pensée, c'est que la tâche de gouverneur général de l'Algérie est la plus noble, la plus belle, la plus haute qui puisse tenter un personnage de grande valeur, fût-il un homme d'État de l'ordre le plus considérable, fût-il un prince né sur les degrés d'un trône !

Pour le grand œuvre qu'il s'agit d'accomplir, il faut avoir l'âme remplie des sentiments les plus élevés, l'esprit animé des conceptions les plus hautes, le caractère armé de toutes les énergies, la personnalité douée de tous les prestiges.

Il s'agit en effet de créer entre l'*Atlas et la Méditerranée* une *France Africaine florissante.*

Par son sol, son climat et sa situation topographique, cette belle contrée a tout ce qui peut légitimer ses aspirations ambitieuses et lui permettre de devenir au *nord de l'Afrique* une sœur digne de sa sœur aînée, glorieusement assise *au sud de l'Europe.*

Avril 1884.

Paris. — Imp. E. Capiomont et V. Renault, rue des Poitevins, 6.

www.ingramcontent.com/pod-product-compliance
Lightning Source LLC
Chambersburg PA
CBHW051246030726
47595CB00003B/1108